Faits cocasses
Charades

Illustrations :
Dominique Pelletier

Compilation :
Julie Lavoie

Éditions
SCHOLASTIC

100 blagues! Et plus...
Nᵒ 32
© Éditions Scholastic, 2013
Tous droits réservés
Dépôt légal : 3ᵉ trimestre 2013

ISBN 978-1-4431-2947-3
Imprimé au Canada   139

Éditions Scholastic
604, rue King Ouest
Toronto (Ontario)
M5V 1E1
www.scholastic.ca/editions

Selon une recherche américaine,
le tiers des propriétaires de chiens
parlent à leur toutou au téléphone
lorsqu'ils sont absents…

Mon premier est le mâle de
la chèvre.

Mon second est une rangée
d'arbres servant de clôture.

On offre mon tout pour
faire plaisir.

QUEL EST LE COQUILLAGE LE PLUS
LÉGER?

RÉPONSE : LA PALOURDE.

4

Riez et gardez la forme! Des chercheurs soutiennent que rire pendant une minute équivaut à faire 10 minutes de marche rapide.

Mon premier est un homme qui a un enfant.

Mon deuxième est la troisième lettre de l'alphabet.

Mon troisième est la consonne entre t et w.

Mon quatrième est une syllabe du mot denrée qui n'est pas dans perdant.

Mon tout signifie ne pas abandonner.

L'ours polaire a la peau noire,
ce qui lui permet de mieux capter
les rayons du soleil.

Mon premier enveloppe le corps.

Mon second est une syllabe du mot
entier qui est aussi dans moitié.

Mon tout travaille avec de l'argile.

Un camion transportant un lion roule vers le zoo. En tentant d'éviter un trou, le conducteur perd le contrôle du véhicule et bang! il percute un arbre en bordure de la route. Un homme conduisant une camionnette s'arrête...

- Rien de cassé?

- Non, ça va... Mais si je vous donnais 50 $, amèneriez-vous ce lion au zoo? Moi, je dois attendre la dépanneuse...

- Bien sûr que oui! répond l'homme avec enthousiasme.

Plus tard, le conducteur aperçoit l'homme de la camionnette qui marche tranquillement avec le lion au bout d'une laisse, une crème glacée à la main.

- Qu'est-ce que vous faites ici? Je vous avais demandé d'amener le lion au zoo!

- Nous y sommes allés, mais il nous restait assez d'argent pour une crème glacée...

- J'ai vu un magicien la semaine dernière. Il était tellement mauvais! Le seul tour qu'il a vraiment réussi a été de faire disparaître le public...

QUELLE EST LA MEILLEURE CHOSE QUE TU PEUX METTRE DANS UN GÂTEAU AU CHOCOLAT?

RÉPONSE : TES DENTS.

- D'où reviens-tu avec ton panier? demande Louise à son fils.

- Je suis allé cueillir des champignons, répond le garçon.

- Laisse-moi les voir. Avant de les manger, il faut toujours les identifier. Certains sont comestibles, mais beaucoup sont toxiques.

- Ce n'est pas la peine, maman. Je n'ai pas l'intention de les manger. Je veux juste les vendre...

Le cerveau humain peut difficilement analyser plus de sept possibilités quand vient le temps de faire un choix.

Patrick Roy, ex-gardien de but vedette du Canadien de Montréal et de l'Avalanche du Colorado, avait un rituel étrange : il conversait avec les poteaux de son but pendant les parties.

Pendant sa carrière dans la LNH, Bruce Gardiner trempait la lame de son bâton de hockey dans les toilettes avant chaque partie...

En se baladant en voiture sur une route de campagne, un homme écrase un chat. Bien décidé à réparer sa faute, il met l'animal dans une boîte et se rend à la maison la plus proche. Une femme est en train de nourrir ses poules.

- Bonjour, j'ai une mauvaise nouvelle à vous annoncer… Je crois que j'ai écrasé votre chat. Je peux vous aider à l'enterrer si vous le voulez. Et j'aimerais aussi le remplacer…

- Le remplacer! Je veux bien, mais à condition que vous soyez bon pour attraper les souris.

COMMENT PREND-ON LA TEMPÉRATURE
D'UN LION?

RÉPONSE : EN FAISANT TRÈS ATTENTION...

Mon premier est une bestiole qui gratte la tête.

Mon second est le contraire de beau.

Mon tout se cuisine de mille et une façons.

Une équipe de football prend l'avion pour aller disputer un match à Calgary. Les joueurs ne tiennent pas en place. Ils se lancent le ballon dans l'avion, font des blagues et crient à tue-tête. À plusieurs reprises, les agents de bord leur demandent de se calmer, mais ils n'écoutent pas. Le pilote demande à son copilote d'intervenir :

- Va les voir et fais ce qu'il faut pour qu'ils arrêtent ce chahut!

Quelques minutes plus tard, le copilote revient dans la cabine de pilotage. Il n'y a plus un bruit dans l'avion...

- Je ne sais pas ce que tu leur as dit, mais ça a marché.

- Je leur ai simplement dit qu'ils devaient aller jouer dehors...

VRAI OU FOU?

1- Massette est le nom officiel donné à la quenouille.

2- Un numismate est une personne obsédée par les mathématiques.

3- Un médiéviste étudie le Moyen Âge.

La plus longue partie de hockey de l'histoire de la LNH a eu lieu les 24 et 25 mars 1936 au Forum de Montréal. Les Maroons affrontaient alors les Red Wings de Détroit en demi-finale. Les spectateurs ont dû attendre la cinquième période de prolongation pour voir le but gagnant des Red Wings. Et certains ne l'ont pas vu...

Une vieille dame prend l'ascenseur pour se rendre au quatrième étage d'un édifice. Au deuxième étage, les portes de l'ascenseur s'ouvrent et une jeune femme dégageant une forte odeur de parfum fait son entrée :

- Je porte le parfum Sensibon. Il coûte 100 $. Je sens bon, n'est-ce pas?

Au troisième étage, une autre femme trop parfumée entre dans l'ascenseur.

- Mon parfum s'appelle Sublima. Il coûte 125 $. Sublime, n'est-ce pas?

Une fois au quatrième étage, la vieille femme fait une pause avant de sortir de l'ascenseur et laisse échapper un pet.

- Connaissez-vous le parfum Pétarade de Laura T. à l'odeur de chou-fleur? Il est gratuit. Unique, n'est-ce pas?

L'enseignante demande à Sophie :

- Que s'est-il passé? Tu as une grosse bosse sur la tête!

- Mon frère m'a lancé des petits pois...

- C'est impossible que des petits pois aient pu te faire une si grosse bosse!

- Je ne mens pas, madame. Les petits pois étaient dans une boîte de conserve...

• •

On ne dit pas « samedi », mais « ça me tente ».

Le cheval peut dormir debout.

Mon premier est le manteau que porte Dracula.

Mon deuxième est une syllabe du mot denture qui est aussi dans pétulant.

Mon troisième est la note de musique avant mi.

Mon tout n'est plus libre.

24

25

Pour montrer que la situation économique est bonne, la ville de Dubaï, aux Émirats arabes unis, a fait l'acquisition d'une voiture de police de marque Lamborghini.

Mon premier est la cinquième lettre de l'alphabet en commençant par la fin.

Mon deuxième est la troisième voyelle de l'alphabet.

Mon troisième est la première lettre de la province canadienne qui est située entre le Nouveau-Brunswick et l'Ontario.

Mon quatrième est une syllabe du mot léopard qui est aussi dans révéler.

Mon tout est synonyme de transmettre.

QUELLE EST LA SEULE LETTRE DE
L'ALPHABET QUI A SIX FACES?

RÉPONSE : D.

L'enseignante dit à Frédéric :

- Tu auras des devoirs
supplémentaires!

- Pourquoi? Je n'ai rien fait!

- C'est justement pour ça!

Un jeune homme se retrouve au tribunal après s'être fait prendre en train de voler des vestes en cuir dans un grand magasin. Voyant la mère de l'accusé en larmes, le juge a du mal à contenir sa colère :

- Il faut vraiment avoir un cœur de pierre pour faire autant de peine à ses parents. Avez-vous pensé à votre pauvre mère?

- Bien sûr que j'y ai pensé, mais il n'y avait aucune veste à sa taille! Et elle en voulait une rouge, en plus!

Avant une compétition,
des nageurs de haut niveau
ont des rituels : certains crachent
dans la piscine; d'autres prennent
une petite gorgée d'eau...

30

Pour réussir à s'entraîner cinq heures par jour, six jours par semaine, il faut manger beaucoup! On dit qu'en période d'entraînement, le champion olympique de natation Michael Phelps consommait environ 12 000 calories par jour. Un garçon de 10 ans très actif doit en consommer environ 2 000.

Trois vieillards sont assis sur un banc.

Le premier dit : « Moi, quand je pète, ça fait beaucoup de bruit, mais ça ne sent rien. »

Le deuxième dit : « Moi, quand je pète, ça ne fait aucun bruit, mais l'odeur est épouvantable! »

Le troisième dit fièrement : « Moi, je pète sans faire de bruit et ça ne sent rien du tout! »

Les deux premiers s'exclament alors : « Mais pourquoi péter, alors? »

Mon premier est un style de musique à la mode.

Mon deuxième est un contraire de beaucoup.

Mon troisième tient la balle de golf.

Mon quatrième vient avant D.

Mon tout est relatif à la taille.

QU'EST-CE QUE JEAN ET SON BALLON DE FOOTBALL ONT EN COMMUN?

RÉPONSE : LES DEUX NE TOURNENT PAS ROND...

QU'EST-CE QUI TE SUIT SANS FAIRE DE BRUIT?

RÉPONSE : TES TRACES DE PAS.

35

Mon premier est une lettre qui se boit.

Mon deuxième signifie non en anglais.

Mon troisième est une matière scolaire qui compte beaucoup.

Mon quatrième est le contraire de bas.

Mon cinquième est une syllabe du mot pénitencier qui est aussi dans repérer.

Mon tout est un bruit.

POURQUOI NAPOLÉON N'A-T-IL JAMAIS ACHETÉ DE MAISON?

RÉPONSE : IL AVAIT UN BONAPARTE (BON APPART).

QUE DIT L'ESCARGOT QUAND IL VOIT UNE LIMACE?

RÉPONSE : AH! UN NUDISTE!

QUELLE EST LA DIFFÉRENCE ENTRE UN DENTISTE ET UN ENSEIGNANT?

RÉPONSE : LE DENTISTE DEMANDE D'OUVRIR LA BOUCHE ET L'ENSEIGNANT DEMANDE DE LA FERMER...

QUELLE EST LA DIFFÉRENCE ENTRE UNE SIRÈNE DE CAMION DE POMPIERS ET UN HOMME QUI VIENT DE SE FAIRE PIQUER PAR UNE ABEILLE?

RÉPONSE : IL N'Y EN A PAS. LES DEUX HURLENT.

Mon premier s'obtient en mélangeant du bleu et du jaune.

Certains animaux pondent leurs œufs dans mon second.

Mon tout est appliqué sur les ongles.

Il pleut, il mouille... Tutunendo, en Colombie, est l'un des endroits de la planète où il pleut le plus. Il y tombe près de 12 mètres de pluie par année!

Si vous planifiez des vacances au mont Waialeale, sur l'île de Kauai, à Hawaii, n'oubliez pas votre parapluie. Là-bas, il pleut en moyenne 335 jours par année!

COMMENT APPELLE-T-ON UN RAT ÉCRASÉ?

RÉPONSE : UN RATATINÉ.

COMMENT APPELLE-T-ON UN RAT DE JARDIN?

RÉPONSE : UN RÂTEAU.

QUE CHANTE LA FEMME DE MÉNAGE EN LAVANT LE PLANCHER?

RÉPONSE : SOL-FA-SI-LA-SI-RÉ (SOL FACILE À CIRER).

QUELLES SONT LES NOTES DE MUSIQUE LES PLUS INDISCIPLINÉES?

RÉPONSE : LA-DO (L'ADO).

COMMENT FAIT-ON CUIRE UN POISSON
DANS UN PIANO?

RÉPONSE : ON FAIT DO-RÉ-LA-SOL ET
UNE FOIS LA-SOL-DO-RÉ, C'EST PRÊT!

QUELLES NOTES DE MUSIQUE
S'ENTENDENT À MERVEILLE?

RÉPONSE : LA-MI (L'AMI).

Un colibri a moins de 1 000 plumes;
une tourterelle en a environ 4 000;
un goéland en a entre 6 000 et
7 000. Le champion toutes catégories
est le cygne, qui en a plus de 25 000!

COMMENT LE COIFFEUR RÉAGIT-IL AUX
INSULTES D'UN CLIENT?
RÉPONSE : IL COUPE COURT...

SI UNE POMME EST JAUNE, COMMENT
L'APPELLE-T-ON?
RÉPONSE : ON LA PÈLE AVEC UN
COUTEAU.

En Estonie, un homme a retourné un livre à la bibliothèque publique 69 ans après l'avoir emprunté.

Lors d'un safari au Kenya, Germain arrive en courant auprès de son guide.

- Vite, venez m'aider! Adrien est tombé dans des sables mouvants! Il faut le sortir de là!

- Pas de panique, mon ami! Il ne s'enfoncera pas aussi rapidement que vous le croyez. Jusqu'où était-il enfoncé lorsque vous l'avez quitté?

- Jusqu'aux chevilles...

- Alors, il n'y a aucune raison de paniquer.

- Mais, monsieur, c'est qu'il est tombé tête première...

Mon premier est un mois de printemps.

Mon deuxième est le contraire de rapide.

Mon troisième est vendue en pot, en tube ou en bâton.

On dort généralement dans mon quatrième.

Mon tout est synonyme de morosité.

Accro du texto? Des études révèlent que plus de la moitié des gens qui possèdent un téléphone intelligent s'en servent dans la salle de bain.

Marco présente son bulletin à ses parents.

- Dans l'ensemble, c'est bien. J'ai eu 100 %.

- C'est extraordinaire! lance son père. Je le savais! Tu as le génie de ton père!

- Oui. J'ai eu 25 % en maths, 25 % en français, 25 % en anglais et 25 % en univers social. Ça fait 100 %...

- Je le savais aussi, soupire sa mère. Tu as sans aucun doute le génie de ton père…

Aurélie se présente à l'école avec un gros morceau d'ouate dans l'oreille gauche.

- As-tu mal à l'oreille? lui demande son enseignante.

- Pas du tout. Vous me dites toujours que la matière « me rentre par une oreille et me sort par l'autre ». Ça ne sortira plus maintenant...

QUELLE EST LA DIFFÉRENCE ENTRE LE SOLEIL ET TON DEVOIR DE FRANÇAIS? RÉPONSE : LE SOLEIL EST UN ASTRE ET TON DEVOIR EST UN « DÉSASTRE ».

QUELLE EST LA DIFFÉRENCE ENTRE UN BOXEUR ET UN ASTRONOME?
RÉPONSE : IL N'Y EN A PAS. LES DEUX VOIENT DES ÉTOILES.

J'AI DEUX JAMBES, MAIS JE NE PEUX PAS MARCHER. QUI SUIS-JE?
RÉPONSE : UN PANTALON.

Mon premier est une unité de
mesure de masse.
Mon second est une femme qui a
un enfant.
Mon tout concerne la langue.

● ●

Mon premier est la huitième
consonne de l'alphabet.
Mon deuxième tient tes pieds
au chaud.
Mon troisième est le contraire
de oui.
Mon tout sert de rangement.

57

Mon premier est le résultat de l'opération 22-16.

Mon deuxième est la consonne entre s et v.

Mon troisième est la matière scolaire que tu as utilisée pour trouver mon premier.

Mon quatrième est une petite créature qui transmet la maladie de Lyme aux humains.

Mon tout est très ordonné.

VOUS EN VOULEZ UNE BOUCHÉE?

À Sweetwater, au Texas, se tient chaque printemps un festival du serpent à sonnette. Depuis 1958, on y capture les dangereux reptiles par milliers lors d'une grande compétition de chasse. Sous les regards ébahis de milliers de personnes, les prises sont ensuite pesées, mesurées, écorchées, coupées... et frites!

Au restaurant, une femme dit au serveur sur un ton tranchant :

- Monsieur, vos nappes sont dégoûtantes. Elles sont pleines de taches. Les lavez-vous de temps en temps?

- Je suis désolé, madame, mais je ne peux pas vous répondre. Ça fait seulement un an que je travaille ici...

Y A-T-IL UN POINT COMMUN ENTRE UN PARACHUTE ET L'HUMOUR?

RÉPONSE : OUI. QUAND ON N'EN A PAS, ON S'ÉCRASE...

Lors d'une sortie scolaire au musée, le guide montre les ossements d'un dinosaure et commente :

- Ce dinosaure a deux millions et 14 années. Incroyable n'est-ce pas?

- Monsieur, demande Martine, comment avez-vous fait pour connaître l'âge exact de ce dinosaure?

- C'est simple, lorsque j'ai commencé à travailler ici, on m'a dit qu'il avait deux millions d'années… Et ça fait maintenant 14 ans que je travaille ici...

Un parachutiste atteint
la vitesse d'environ 200 km/h
avant d'ouvrir son parachute.

Mon premier tient la tête.

Mon deuxième est un pronom
personnel à la deuxième personne
du singulier.

Mon troisième est le participe passé
du verbe rire.

Mon quatrième est la seule lettre
que tu respires…

Mon tout est un métier.

• •

Mon premier est un pronom personnel
à la première personne du singulier.

Avant de manger, tu déposes ton
assiette sur mon second.

Mon tout n'est pas fait pour durer.

Félix revient de la pêche. Il raconte à ses amis tout le mal qu'il a eu à sortir sa prise de 20 kg, un poisson énorme, fort et vigoureux.

- Arrête tes sottises! Je l'ai vu ton poisson. Il ne pesait pas plus de 10 kg! s'exclame Louis.

- Ce n'est pas étonnant que mon poisson ait perdu 10 kg... après deux heures de lutte contre moi!

QU'EST-CE QU'UN PÊCHEUR ET UN MANNEQUIN ONT EN COMMUN?

RÉPONSE : LES DEUX SURVEILLENT LEUR LIGNE.

Souhaitant profiter des soldes du lendemain de Noël, des dizaines de personnes sont massées devant les portes d'un grand magasin. Elles attendent l'ouverture avec impatience. Tout à coup, un jeune homme bien habillé commence à se faufiler entre les gens en jouant des coudes.

– Quelle impolitesse! Je ne vous laisserai pas me dépasser! lance une vieille dame en lui assénant un coup de canne.

– Quelle grossièreté! s'exclame une autre en le frappant avec son sac à main.

Le jeune homme brandit alors son trousseau de clés et lance :

– Si c'est comme ça, je n'ouvre pas le magasin!

66

Dans une classe de biologie, le professeur questionne les étudiants :

- Pouvez-vous me dire ce qui provoque la transpiration?

- Vos questions, monsieur, répond Anne-Marie.

• •

Un père demande à son fils :

- J'ai entendu dire que les élèves ont reçu leur bulletin aujourd'hui. Veux-tu me montrer le tien?

- Je ne peux pas. Je l'ai prêté à Olivier pour qu'il fasse peur à ses parents...

QUELLE EST LA DIFFÉRENCE ENTRE UN APPRENTI CONDUCTEUR ET DES BLEUETS?

RÉPONSE : IL N'Y EN A PAS. LES DEUX SE RAMASSENT DANS LE CHAMP.

Une mère demande à sa fille :

- Alexa, pourquoi traites-tu ta sœur d'idiote? Dis-lui tout de suite que tu regrettes!

- Juliette, je regrette que tu sois idiote…

Pleurer aide à diminuer la colère,
la tristesse et le stress. Pleurer,
ça fait du bien!

VRAI OU FOU?

1- Chébec est le nom que portait autrefois la province de Québec.

2- L'ichtyologie est l'étude scientifique des poissons.

3- Malaga est le nom donné à un enfant turbulent, qui agace continuellement ses camarades.

Joli papillon... Le monarque a peu
de prédateurs, car il est toxique pour
la plupart des animaux.

COMMENT TRANSFORME-T-ON UNE TOILE
EN VOILE?
RÉPONSE : EN CHANGEANT LA PREMIÈRE
LETTRE.

QUELLE EST LA DIFFÉRENCE ENTRE LES
MOUSTIQUES ET TON PETIT FRÈRE?
RÉPONSE : LES MOUSTIQUES, EUX, ME
DÉRANGENT SEULEMENT L'ÉTÉ...

Un homme se rend chez l'optométriste.

- Depuis quelques jours, je vois double. C'est vraiment déplaisant!

- Asseyez-vous sur cette chaise et je vais vous examiner.

- Quelle chaise?

POURQUOI LE FLAMANT ROSE SE REPOSE-T-IL AVEC UNE PATTE EN L'AIR?

RÉPONSE : PARCE QUE S'IL LEVAIT LES DEUX PATTES, IL TOMBERAIT PAR TERRE.

- J'ai une bonne et une mauvaise nouvelle à t'annoncer, dit Julie.

- La mauvaise en premier, demande Annie.

- La mauvaise, c'est que je ne me souviens plus de la bonne...

QUELLE EST LA DIFFÉRENCE ENTRE CETTE BLAGUE ET UNE FEUILLE DE PAPIER?

RÉPONSE : IL N'Y EN A PAS. LES DEUX SONT PLATES.

La nomophobie, vous connaissez? Il s'agit d'un état de stress ressenti par une personne qui n'a pas son téléphone intelligent à portée de main. Selon une étude réalisée en 2012, près des deux tiers des usagers québécois affirment se sentir démunis sans leur appareil.

Mon premier est ce que tu fais le midi.

Mon deuxième est un élément du squelette.

Mon troisième est un métal précieux.

Mon tout n'existe plus.

• •

Mon premier est le contraire de maigre.

Mon deuxième est un petit mot signifiant la moitié.

Mon troisième est l'organe de l'odorat.

Mon tout est une famille de plantes.

- Quel froid de canard! dit la poule.

- J'en ai la chair de poule! réplique le canard.

QUEL EST LE NOM DE LA PLANTE QU'ON PEUT ÉCRASER DES CENTAINES DE FOIS PAR JOUR SANS LA TUER?

RÉPONSE : LA PLANTE DES PIEDS.

Mon premier commence à la naissance.

Mon deuxième recouvre les deux tiers de la planète.

Mon troisième est l'œuf du pou.

Mon tout se dit d'une tempête particulièrement forte.

● ●

Mon premier est le résultat de l'opération 72+14-76.

Mon deuxième ne sent pas bon.

Mon troisième peut se boire chaud ou glacé.

Mon tout survient parfois lorsqu'on désobéit aux règles.

Le vison d'Amérique est bien connu pour sa belle fourrure soyeuse, mais saviez-vous que cet animal sent presque aussi mauvais que la mouffette?

Mon premier est un pronom personnel à la première personne du singulier.

Mon second est un pronom personnel à la première personne du pluriel.

Mon tout est une partie du corps humain.

● ●

- Docteur, je suis tombé et je me suis fait mal au genou.

- Où ça? À la rotule?

- Non, à l'arrêt d'autobus...

J'AI DIX BRAS, TROIS TÊTES ET VINGT-CINQ JAMBES, QUI SUIS-JE?

RÉPONSE : UN MENTEUR

- Regarde, chéri! Je viens d'acheter un nouveau lecteur de DVD. Génial, n'est-ce pas?

- Nous n'avions pas d'argent pour ça! Ce n'était pas prévu dans notre budget!

- Ne t'inquiète pas. Ça n'a pas coûté un sou. J'ai offert la télé en échange…

Voilà pourquoi on n'attache pas
la laisse de son chien au
guidon de sa bicyclette...

Voilà pourquoi on n'attache pas la
laisse de son chien à une poussette...

QUEL EST LE RÊVE DE TOUTES LES ARAIGNÉES DU MONDE?

RÉPONSE : EXPOSER LEURS TOILES AU MUSÉE DU LOUVRE.

QUELLES SONT LES TROIS LETTRES QUI EMPÊCHENT UN OISEAU DE VOLER?

RÉPONSE : L, K, C. (AILE CASSÉE)

POURQUOI LES EXTRATERRESTRES NE RENVERSENT-ILS JAMAIS LEUR CHOCOLAT CHAUD?

RÉPONSE : ILS ONT DES SOUCOUPES.

QU'EST-CE QUI TOMBE SANS FAIRE DE BRUIT?

RÉPONSE : LA NUIT.

Les humains perdent de
100 à 150 cheveux par jour.

Les cheveux tombés repoussent.
Enfin, la plupart du temps...

Mon premier sert à couper le bois.

Mon deuxième est une syllabe du mot regrettable qui est aussi dans le mot vitamine.

Mon troisième est le verbe scier conjugué au présent de l'indicatif, à la première personne du pluriel.

Mon tout rapporte les paroles de quelqu'un.

Le cœur de la crevette
est logé dans sa tête.

Geneviève montre son bulletin à sa maman.

- Houlala! Tu es la moins bonne des 18 élèves de ta classe.

- Les choses pourraient être pires, maman. Imagine si j'étais dans une classe de 30 élèves...

● ●

- J'ai presque eu 10 sur 10 à mon test de mathématiques!

- Je te félicite, Mathilde, lance fièrement son papa.

- Il manquait juste le 1 devant le 0...

Un retraité français a parcouru
4 000 km entre l'Afrique et son
pays en trottinette! Il avait entrepris
ce périple pour soutenir la cause
d'une enfant malade.

QUE TROUVE-T-ON À L'INTÉRIEUR D'UN NEZ PROPRE?

RÉPONSE : DES EMPREINTES DIGITALES.

POURQUOI LE PÈRE NOËL RIT-IL TOUT LE TEMPS?

RÉPONSE : PARCE QUE CE N'EST PAS LUI QUI PAYE LES CADEAUX.

Avant d'aller au lit, Marco éclate en sanglots.

- Maman, tout le monde me dit que je suis monstrueux et ça me fait de la peine...

- Ne t'en fais pas, mon chéri... Maintenant, mouche tes deux petits nez, sèche tes trois petits yeux, et va au lit!

QUE SERT-ON SUR UNE TABLE SANS JAMAIS EN MANGER?

RÉPONSE : UNE BALLE DE PING-PONG.

Comment faire de l'argent rapidement?
La monnaie canadienne est fabriquée
à Winnipeg, au Manitoba. Les presses
à haute vitesse peuvent produire
20 millions de pièces par jour,
c'est-à-dire 750 à la seconde!

En 1987, lorsqu'on a remplacé les billets
d'un dollar par des pièces de monnaie,
une chose étrange est survenue. Le
moule du motif des nouvelles pièces,
représentant les explorateurs du
Canada, s'est perdu entre Ottawa
et Winnipeg. C'est pourquoi nous
avons eu « le huard ».

Mon premier est le verbe avoir conjugué au présent de l'indicatif, à la première personne du singulier.

Mon deuxième est l'avant d'un bateau.

La girouette indique la direction de mon troisième.

Mon tout est difficile à supporter.

Quand les visiteurs décident de rester...
Plusieurs animaux marins ont traversé le
Pacifique parmi des débris emportés par
la mer lors du tsunami de 2011, au
Japon. On craint que certaines espèces
envahissantes venues d'Asie s'installent
définitivement chez nous.

Le premier miroir provenait
de la nature. On regardait
sa réflexion dans l'eau.

Mon premier est la partie du corps où se trouve la colonne vertébrale.

Mon deuxième est au milieu de la tranche de pain.

Mon troisième signifie non en anglais.

Mon tout est un jeu.

● ●

Mon premier est le contraire de pas assez.

Mon second est une créature imaginaire.

Mon tout est une récompense.

QUE TROUVE-T-ON DANS LA MER ET DANS LA RIVIÈRE, MAIS QU'IL N'Y A PAS DANS LE LAC?

RÉPONSE : UN « E ».

- À quoi sert la pluie? demande Matthieu à son enseignante.

- Tu le sais bien! Ça sert à faire pousser les arbres!

- Alors pourquoi pleut-il dans la rue?

Le 22 janvier 1943 à 7 h 30, la température était de -20 °C à Spearfish, une petite ville du Dakota du Sud. À 7 h 32, il faisait 7 °C! Le mercure a fait un bond de 27 degrés en deux minutes! Le chinook, un vent d'ouest chaud et sec venant des montagnes Rocheuses, avait provoqué ce réchauffement rapide.

QUELLE EST LA DIFFÉRENCE ENTRE UN ADOLESCENT ET UN ORDINATEUR? RÉPONSE : L'ORDINATEUR, VOUS LUI DONNEZ L'INFORMATION UNE SEULE FOIS...

QUE FAUT-IL FAIRE POUR NE PAS AVOIR DE CONTRAVENTIONS? RÉPONSE : IL FAUT ENLEVER SES ESSUIE-GLACES.

C'est à Montréal, le 4 mai 2013,
qu'a eu lieu le premier rassemblement
de personnes rousses du pays.

Victor a une carie. À peine assis sur la chaise du dentiste, il se met à crier de douleur :

- Arrêtez! Vous me faites mal! Arrêtez!

- Victor, tu exagères! C'est une toute petite carie et je ne t'ai même pas encore demandé d'ouvrir la bouche...

- C'est que vous m'écrasez l'orteil!

Quand elle hiberne, la marmotte respire environ 10 fois par heure, son cœur bat seulement quatre ou cinq fois par minute et sa température interne peut descendre juste au-dessus du point de congélation.

Dans une lettre à sa correspondante, Geneviève écrit :

- Je vais dans une école anglaise.

Une semaine plus tard, Sarah lui répond :

- Moi, je vais dans une école en brique.

••

Une maman demande à sa fille :

- Combien font 3+3?

- Six, maman.

- Très bien, ma chérie. Je te donne six bonbons.

- Zut! Si j'avais su, j'aurais dit 10!